下半身動かぬセラピー犬
シャネル
〜緩和ケア病棟の天使たち〜

最近ちょっとわかってきた。
人生って、長いか短いかよりも、
誰と会って、どんな言葉を交わしたかが
大事なんだね。

私の名前はシャネル。
ゴールデンレトリバーの女の子。

昔はね、とっても大金持ちのご夫婦の御屋敷に飼われていて、
こんな名前をつけられた。

ごめん、ひとつ嘘ついちゃった。
本当はもう、おばあちゃんなの。

で、ね。
もう私、「いつ心臓が止まってもおかしくないよ」って
お医者さんに言われているんだって。

三年前の秋に突然、
下半身が動かなくなったの。
神経が次々に死んでいく難病なんですって。
壊死してく? とか言ってた。

その数年前には、子宮の病気にもなって──
それまではドッグショーっくところで働いてたんだけど、
老いとともに、私は仕事を失った。
そして今のお父さんと私は出会った。

昔は思いきり
走り回ったり、
後ろ足で耳を
触ったりして
楽しかったけど……

今もこうして
お父さんと
散歩できるから、
悪くない。

人生で失ったものを数えるよりも

今、与えられているものを数えて、
感謝をしたほうがいい。

お父さんは言う。
「明日、あの世に行くかもしれないのは、
病気の人も、元気な人も、シャネルも、俺も同じだよ」。

大切な人に、大好きな人に、
また必ず会えるとは限らない。
だから、今日言っておいたほうがいい。
「あなたが大切」と。「あなたが大好き」と。

私の下半身が麻痺して動かなくなった時、
お医者さんはお父さんにこう言った。
「安楽死という道もありますよ」。
お父さんも、一度は考えた。このまま歩けずに、痛みに苦しむよりも、
そのほうが私にとって、幸せな道なのかなって。

だけどお医者さんもお父さんも、
結局私を安楽死させなかった。
私にはまだ、この世で与えられた使命があるみたい。

私のお仕事はドッグセラピーっていう。

仕事場は、病院の中の緩和ケア病棟というところ。

緩和ケア病棟っていうのは──

長いあいだ病気と闘ってきた人が、
もう積極的な治療はおやすみして
痛みを取って、穏やかに過ごしましょう、という場所なの。

私がお仕事に行くその緩和ケア病棟は、
入口にきれいに手入れされた花壇があって、
朝陽が降り注いでいて、
不思議な静けさに包まれている。

さあ、お仕事の時間。

下半身動かぬ、
おばあちゃんの私を

待ってくれている人がいる

「おはようございます」

緩和ケア病棟での患者さんとの出会いは、一期一会。
次に私が来た時に、会えるかどうかはわからない。
私だって、次があるかどうかはわからない。

まずは看護師さんたちにごあいさつ。

「シャネル、
よく来たね！
元気そうじゃないか」と
この病棟の先生。

良いお医者さんは、
人間のことだけでなく
犬のこともわかるみたい。

「命にはね、医療が行う〈治療〉だけでなく、
優しさや思いやりで行う〈癒し〉も必要なんだ、
だからシャネルの存在はここにいる患者さんにとって
とても大切なのさ」

———ありがとう、先生。

飼い主に捨てられたり、死なれたり、
歳を取って役立たずになったりして、
本来なら殺処分になってもおかしくない私や、私の仲間たちが
ご縁あって、殺されずにすんで……

今こうして
誰かの役に立っているなんて
嘘みたい。

人生って、何が起きて、
そこにどんなご縁が待っているのか、
それは神様にしかわからないのね。

病気になっていなければ私は、
セラピー犬になることもなかった。

後ろ足が麻痺しなければ、
こんなにたくさんの人に抱きしめられることも
多分なかったでしょうね。

そんなアップで撮ったら、
おばあちゃんだってバレちゃうでしょ。

私のセラピー犬仲間を紹介します。

この子は、ポポ。
ポメラニアンの女の子。

体のサイズは私とぜんぜん違うけど、
歳はおんなじくらいよ、多分ね。

この子は、ミカン。
この子もポメラニアンのおばあちゃん。

ミカンは、
すごく愛されて育った過去があるみたい。
人に抱っこされるのが何より好きだから。

この子はユキちゃん。
チワワの女の子。

いっつも瞳がうるうるしているの。

ユキちゃんはね、若くてきれいなママに連れられて、
ある日、ペットホテルに預けられたの。
3日くらいしたら迎えに来るね、という約束で。
だけど、その若くてきれいなママが、
ユキちゃんを迎えに来ることは二度となかった。

ふつうならそこで、保健所に通報されて殺処分なんだけど
この子は運が強かった。

ユキちゃんはいつも、泣いているような顔をする。

仕事中はね、
泣きそうな顔を
してはダメよ。
笑ってごらん。

こうやって笑うの。
楽しかった時のことを思い出すの。
大好きな人の笑顔を思い出すの。

あなたを捨てたママのことも許してあげなくちゃ。

笑うって、どういう気持ち?

そんなの、一言で説明なんかできない。

セラピー犬の仲間は、人生ワケありの子ばかり。

でもね、お父さんが言ってた。
「痛い目にあった子のほうが、
人の痛みがわかるから
この仕事に向いているんだ」って。

自分さえ良ければそれでいいって子は、
この仕事には向いてないんだって。

私なんか、もうひとりで歩くことさえできずに
生かされているのだから、
自分さえ良ければ……なんて思えるはずもなく。

この子は、マロンちゃん。
ミニチュア・ロング・ダックス。
この子もね、ユキちゃんと一緒に
ペットホテルに置き去りにされていたの。

だからかな、いつも何かに怯えている。

マロンは今、患者さんに抱っこされて
心が落ち着いている。

患者さんもまた、マロンを胸に抱くことで
心がほどけている。

病気はもう治らないかもしれない。
がんとたくさん闘ってきた人は
ちょっと疲れちゃったかもしれない。

私たちに触れて、抱っこすることで
ひとときでも病のことを忘れてくれるのなら。

「昔、ウチにもこんな子がいたわ…」

この子はチャックくん。チワワの男の子。
嘘、もうおじいちゃん。

この子はずっと、繁殖用の犬としてブリーダーに飼われていたけど
歳を取って、もう繁殖できなくなったからここにいるの。

そういう意味では、チャックはずっと
人のために仕事をしてきたの。

繁殖用の犬として生きてきた子は、役に立たなくなると
すぐに保健所に連れて行かれることもあるんだって。

だけどチャックは、
ブリーダーさんの
ぬくもりを覚えている。

今ここにいる人たちが、
昔暮らした犬や猫のぬくもりを
覚えているように。

さいごまで、
与えられた命を生きたいのは
猫も犬も、
人だって一緒だと思う。

お昼時になって、
みんなが集まってきました。

「噛みつかないの?」

「大丈夫。絶対に噛みつきませんから」

「こんにちは、はじめまして」

「昔おまえに会ったことがあったねえ」

「そうかもしれない」

「ウチの息子が、この子を飼っていたのよ」

「それは私のおばあちゃんかもしれない」

「抱っこしてみますか」

「何年ぶりかしら」

「ワンちゃんを膝にのせるなんて」

「あたたかいのね」

「管が邪魔じゃない?」

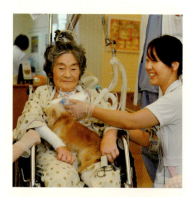

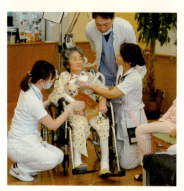

「大丈夫ですよ」

「あの子は
どうしているだろう」

目と目を合わせるだけで

言葉よりも通じる何かが生まれることもある。

抱っこが終わると、小さな小さな声で、
「ありがとう。またね」と言ってくれました。

入院されて二週間経つけど、
この患者さんの声を初めて聞いた！と、
看護師さんたちが喜んでくれました。

人は、深刻な病に冒された時、一言で「痛み」と言っても───

四つの痛みが生じるそうです。

痛みの一つ目は——

「身体的痛み」です。

痛みの二つ目は───

「心理的痛み」です。

不安や鬱状態、怒りや孤独感といったものも
痛みとなるのです。

痛みの三つ目は——

「社会的痛み」です。

仕事の問題や、経済的な問題も
その人の痛みとなります。

痛みの四つ目は───

「魂の痛み」です。

人生の意味、罪の意識、苦しみの意味、
死生観に対する悩み———

ポポを抱いたこの人は、
先月、ずっと経営していたお店を
たたんだそうです。

ポポを抱いているうちに
少しずつお話をしてくれました。

「僕はもう
　お店には立てないのかな？」

ふだんはクールな患者さんなのに
とつぜん大粒の涙が
落ちてきたので

ポポは、
雨が降ってきたのだと
思いました。

私たちを
抱っこしてくれるのは、
患者さんたちだけでは
ありません。

患者さんの痛みと
いつも向き合い続けている
医療者の人たちの心も、
痛くないわけがないから。

私たちを通して、はじめて、
患者さんと心から
笑い合えることもあるみたいだし。

「シャ〜ネル、眠いの?」

「肉球さわってもいい？」

いいですよ。

あら、気持ちよすぎて
まどろんじゃう。

きょう、何人の人に
抱きしめられたんだろう？

お別れは、いつも突然にやって来るから

今、この時間を大切に生きること。

「シャネル、長生きしなさいよ」

「わかんないわよ、そんなこと」

「また、会えるといいな」

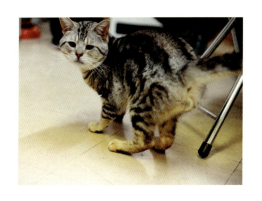

おうちに帰ると、
お留守番をしていた猫のイボくんが
拗ねていました。

イボは、血統書つきのアメリカンショートヘアの男の子。
だけど、生まれつき耳に小さなイボがあった。
その小さな小さなイボひとつのために、
売り物にならないと判断されて
本当なら殺処分となるところを、お父さんが引き取った。

「お父さん、僕もセラピー犬になるよ」

「あなたは無理。気まぐれ屋さんだから」

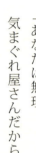

「シャネルのいじわる。僕より走るの遅いくせに!」

おやすみ、シャネル。

「今日出会った皆さんが、
優しい夢を
見られるように」

～名古屋掖済会病院～

私たちがドッグセラピーをはじめた理由

大きな病院でドッグセラピーを取り入れているところはまだまだ数少ないようです。本書でご紹介した名古屋掖済会病院は、なぜそれができたのでしょうか？　緩和ケア病棟の方にお話を伺いました。

――――― 編集部

「気がつけば、シャネルは緩和ケア病棟の

―――― 名古屋掖済会病院に緩和ケア病棟ができたのはいつ頃ですか。
2003年12月に開設しました。がん医療において緩和ケアが重要な位置を示すようになってきた頃のことです。
―――― ドッグセラピーを大きな病院が定期的に行うようになったのは、この名古屋掖済会病院が全国初だと伺っています。ドッグセラピーを始めてから、緩和ケア病棟の中で何か変化は起こっているのでしょうか。
残念ながらアニマルセラピーの良さを数値で示すのはむずかしいですね。でも、笑顔が増えたことは確かです。患者さんだけでなく、我々医療スタッフも表情が明るくなりましたよ。また、緩和ケア病棟というのは、どうしても閉鎖的な空間になりがちですが、ドッグセラピーの日には、今では隣設の一般病棟からも患者さんが遊びに来てくれます。一般病棟の人と緩和ケア病棟の人の交流がそこから生まれるのは良いことだと思っています。犬を触っているあいだは、皆さん、本当に童心に返られて、いい笑顔をされます。だから、逆に癪なところもあります。どんなに僕たちが一生懸命がんばっても、犬には勝てないのですから（笑）。僕たちが言葉を尽くしても、患者さんの心に届かない想いがある。だけど犬は、何も言わないけれど、患者さんの心をつかんで離さない。特にシャネルの笑顔は、そんな力を秘めているように思います。
―――― 当初、犬を病院内に入れることには大きな勇気が伴ったと思います。特に日本ではドッグセラピーという言葉自体、まだ浸透していません。
衛生上の問題が壁になることは確かです。しかし、欧米では、アニマルセラピーはもう当たり前のように行われています。僕も緩和ケア病棟を立ち上げた時からいずれはアニマルセラピーを、という夢はありました。江口看護師（後出）が、やりましょうと言ってきた時は、この病棟の責任者という立場上、大丈夫かなあという戸惑いもありましたが、

灯台のような存在に」
──── 家田秀明先生（名古屋掖済会病院　緩和医療科部長）

緩和ケア病棟に新たな笑顔を願い、看護部長や院長に説明をしていきました。犬たちは、緩和ケア病棟以外にはもちろん立ち入りませんが、病院全体の承諾を得ないことにはできません。結果的に、皆さんが理解を示してくれ、「看護研究」という目的で、アニマルセラピーを始めることができたのです。これは、素晴らしいことです。賛同してくださったすべての方に感謝しています。

──── 初めてセラピー犬を迎えた時の印象は。

やっぱり、シャネルです。なんてゆったりとした愛らしい犬なんだろう！ と一瞬で好きになってしまいました。いるだけで癒されるのですから。当時はまだ、病棟内を元気に走り回るというか、歩き回っていましたね。もちろんミカンちゃんとか小さい犬も愛嬌があって、おばあちゃんの膝にのるにはちょうどいいサイズです。犬によって、ちゃんと役割分担があるのです。

──── シャネルの下半身が動かなくなった時はどう思いましたか。

このまま死ぬのかなと思って、本当に泣けました。復活してくれてありがとう。ただもう、ここにいてくれるだけでいいよと。気がつけば、灯台のような存在になっていました。シャネルは、自分の役割をちゃんと理解していると感じます。医療という仕事は、人の役に立っていると実感する時が最大の喜びです。シャネルもそれがわかっているようで、ここに来るのが嬉しいんですよ。シャネルは、迷う私たちを明るい光で本当に癒してくれます。がん患者さんは身体的にも精神的も苦痛を感じて混沌の中にいます。シャネルの笑顔が無垢だからこそ、患者さんもすっと心が開いて明るい光のほうに導かれていくようです。

「アニマルセラピーは、続けることに意味

―― 佐藤看護師長は、昨年から緩和ケア病棟看護師長に着任されました。
はい、2013年4月の勤務交替で緩和ケア病棟に主任で来ました。その前はこの病院の一般病棟の整形外科におりました。
―― 一般病棟と緩和ケア病棟は、雰囲気が違いますか？
そうですね。まず、時間の流れが全然違います。一般病棟では、業務をこなすのに日々精一杯で、患者さんとの交流の時間はほとんど持てないのが現状です。手術や検査、緊急入院も頻繁にありますから。でも、緩和ケア病棟ではそうした煩雑さの代わりに、ひとりひとりの患者さんとじっくり向き合うことが求められます。患者さんにとっての穏やかな時間を一緒につくる……私ができることは何だろう？ と日々考えています。血圧や体温の数値ではなく、看護師としての、人間としての自分の五感を研ぎ澄まして、患者さん自身を見守らなければと。
―― 緩和ケア病棟の勤務を嫌がる看護師さんもいるのでしょうか。
一般病棟よりも多く、終末期の人と向き合うところなので、心が折れる若い看護師は多いし、嫌がるスタッフもいます。看護師になる人って、基本的には優しい子ばかりなので患者さんに感情移入し過ぎてしまって、バーンアウトしてしまうスタッフもいます。それでも、緩和ケア病棟で学ぶべきことは大きいと思います。ここでしか経験できない、看護の原点に立ち戻る仕事がたくさんありますから。
―― ドッグセラピーについては、どう思われましたか。
始まった時は、私は他部署にいましたので、ウソでしょ!? というのが正直な感想でした。しかも当初の目的は、「看護研究」であると聞き、さらに驚きました。患者さんではなく看護師のために？ そんなのありえないと。一般病棟の看護師だってすごく大変なのに、緩和ケア病棟だけというのもおかしい、と疑問も持ちました。それに私、実は子どもの頃に追いかけられた経験があって、犬が苦手なんです（笑）。だから一般病棟にいた頃

があると思います」
―――― 佐藤則子看護師長（名古屋掖済会病院　緩和ケア病棟）

は、一度もシャネルに会いに来たことはありませんでした。しかし、自分がここに来て、実際に目にして、これは素晴らしい取り組みだと感動しました。患者さんや看護師らスタッフの顔がみるみる元気になります。相変わらず犬は得意でないので、私から撫でることはありませんが、癒されている人たちのお顔を見るのは大好きになりました。私の顔も自然に綻（ほころ）んでいるのが自分でわかります。動物の力はすごいですね。

―― それまで漠然と抱いてたイメージと違っていたんですね。

まったく違っていました。今では、緩和ケア病棟だけのものにしておくのはもったいないため、ドッグセラピーの日は、どなたでも気兼ねなく来て頂けるように全職員にメールを発信しています。患者さん全員、緩和ケア病棟のスタッフ全員、病院全体で癒されてほしいと思います。仕事とはいえ、スタッフが心身ともに健やかでなければ、患者さんを癒せないのです。ドッグセラピーについて、緩和ケア病棟のスタッフに定期的にアンケートを取り、効果を調べています。「患者さんの癒されているお顔を見て、こちらも笑顔になれる」と書いているスタッフが何人もいます。そして、看護研究によって始まった活動を研究のためだけで終わらせるのではなく、継続させることに意味があるはず。この病院での活動が、にわかにメディアで紹介されるようになり、その新聞を見た人から大型犬用の車椅子が届いた。おかげでシャネルは再び、病院の中庭を嬉しそうに走っています。そんな人の優しさに触れると、私たちも嬉しくなるのです。

「患者さんが癒されると、私たちも癒される。

—— 最初にドッグセラピーをやりたいと発案したのが、江口さん。

はい。私ともうひとりスタッフがいて、たまたま名古屋市内のフリーペーパーでシャネルと青木さんの紹介記事を見たんです。すぐに青木さんに電話をしました。当初の目的は、患者さんというよりも我々看護スタッフのストレスケアのためでした。ドッグセラピーを最初に始めた頃は、何もかもが新鮮でしたね。自分たちの職場にワンちゃんがいる状況が、想像以上に嬉しくてワクワクして。その中心にシャネルのあの笑顔があって。患者さんたちもワーッて、今までにない笑顔を見せてくれました。自分たちの心が、癒される以上の何か……想像以上の効果でした。

—— 緩和ケア病棟は特に看護師さんにとって、お別れに直面することも多い分、一般病棟とはまた違う精神的な負担を感じられるのでは?

それは強いと思います。だけど私がアニマルセラピーを導入したいと思ったのは、緩和ケア病棟と一般病棟の区別なく、看護師全員の癒しのためです。病院で働くスタッフ全員が日々、どれだけ疲弊しているか……。今は、ドッグセラピーの日は、一般病棟のどこからでも来てもらっていますので、本来の目的はだいぶ果たせたと思います。病院に理解があったのはありがたいことです。

—— 患者さんへの効果はどうでしょうか。

緩和ケア病棟というのは、その人たちが今まで生活してきたのと同じような生活の提供を目指す場です。お家に近い環境をつくるのが私たちの仕事でもあります。動物が病院にいると生活感が増します。そして、看護師たちの癒しって、やっぱり患者さんの笑顔や、痛みを取ってあげられた時なんです。だから、患者さんが犬に触れた時、表情が和んで明るくなる瞬間に、実は私たちも癒されている。それに改めて気がついたのが、ドッグセラピーを始めて一番の発見でした。笑顔は、相互作用するんだって。

笑顔は相互作用します」

──── 江口しのぶ看護師（名古屋掖済会病院　緩和ケア病棟）

—— シャネルに最初に会った時、何を感じましたか。

圧倒的な存在感！ わっ、デカいって（笑）。見た目の大きさだけじゃなくて、シャネルの表情、患者さんを思いやる心、オーラがふつうの犬と違う。何カ月か経った頃から、シャネルは自分から、看護スタッフの詰所に挨拶をしに来てくれるようになりました。また、今のようにロビーだけではなく、状態の悪い患者さんの個室に訪問し、添い寝をしてくれることもありました。これにはご家族も感動していました。シャネルは自分が求められている場所を自ら察する力を持っている。だけどその矢先に歩けなくなっちゃって……。

—— シャネルの下半身が動かなくなった時はどう思いましたか。

ショックでした。私にはお見舞いに行って褥瘡（じょくそう）をケアしてあげることしかできなくて。もうここに来るのは無理かなとも思ったのですが、シャネルにとっても、ドッグセラピーは生きがいなのかもと考え、これからも無理のない範囲で連れて来てほしい、と青木さんにお願いしたんです。下半身が不自由になってもシャネルの笑顔はそのままでした。

—— 患者さんと犬たちとの交流で何か記憶に残っていることはありますか。

毎回ありますね。たとえば、あと余命数日の終末期の患者さんがいました。もう、目を開けることも、何かに反応することもない状態だろうと皆思っていました。せめてぬくもりだけでもと、お顔のそばに小さなワンちゃんを寄せたら、手が動いたんです！ 何よりも、横にいたご家族が「さいごにいい思い出が増えた」と喜んでくださいました。

シャネルは皆に愛された。

シャネルも皆が大好きだった。

「シャネルの本がもうすぐできるんです」。
お父さんがそんなことを
嬉しそうに話し始めるようになった冬。
北風にさらわれるように

────シャネルは天国へと旅立ちました。

江口さんが作ってくれた赤いバンダナと、
お父さんが飾ってくれた色とりどりのお花と、
仲間たちのにぎやかな鳴き声に囲まれて。

おやすみ、シャネル。

〜あとがきにかえて〜
たった一本のカスミ草、あるいはたった一粒のイチゴ

青木 健（一般社団法人 中部アニマルセラピー協会 代表理事）

シャネルの最期

　ちょうどこの本の撮影や取材が終わり、あとは出版を待つだけとなった2014年の12月。その冬最強の大寒波が来た頃、シャネルの食欲が少しずつ落ち始めました。何せシャネルはもう高齢、それに下半身不随になってからというもの、いつ「その時」が来てもおかしくはないと覚悟はしていたつもりですが、いざそうなると、「頼む、なんとか生きてくれ。せめて本ができるまで。お前がこの本を持って緩和ケア病棟の皆さんに御礼に行かないといけないのだから」と毎日、祈るような日々でした。クリスマスの頃、シャネルはだいぶ持ち直してくれ、無事に2015年を迎えましたが、正月明けより再び食べられなくなりました。何度もかかりつけの獣医さんに足を運びました。

　今はペットも人間と一緒で、最期は動物病院に預けて、そこで延命治療を受けつつ、亡くなるケースが少なくありません。しかし人間と違うのは、よほどの動物救急病院でないかぎり、飼い主が最期の瞬間に立ち会えない場合が多いということ。動物医療のスタッフの数が人間のそれとは圧倒的に違いますから、これは致し方ないことです。僕も今まで、そうやって動物たちを病院に預けて旅立たせた経験が何度もあります。しかしシャネルに関しては、入院させたくないという想いが強くありました。というわけで僕の店の床に蒲団を敷き、横に加湿器をつけて、シャネルを寝かせていました。シャネルとは長い付き合いでしたが、二人きりでこん

なに長い時間向き合ったのは、初めてのことだったかもしれません。僕のところには、本書で紹介した子たちの他にも、数匹の犬や猫がいます。一時預かりのペットホテルも行っているので、泊まりに来ている子もたくさんいます。セラピー犬たちは、仕事中は一切鳴かないし、吠えませんが、ふだんはキャンキャンと鳴くふつうの犬に戻ります。シャネルは、いつもと変わらぬ小さな仲間たちの賑やかな声を聴きながら、穏やかな表情で数日寝ていました。

1月8日、ちょっとしんどそうだったので、また病院に連れていきました。もう立ち上がるのも厳しそうです。体重を測ると、25キロ。確か昨年の春までは45キロ近かったのに……。思わず涙が溢れてきました。すると診察台で僕を見上げていたシャネルは、おもむろにグッと上半身を起こして、弱々しく立ち上がろうとしました。まるで、最後に残っている力をすべて使いきるようにして、数秒間、僕の瞳を覗き込むように見つめました。

「お父さん、あとは頼んだわ」。そう言われた気がしました。それでも、「もう少し頑張れそうな気もするけれど」という獣医さんの言葉に一縷の望みを託し、一緒に帰ってきました。

翌1月9日の夕方、「今夜はまた冷えそうだから、朝までそばについているからね」と頭を撫でてやると、彼女は安心したように少し微笑みました。そしてそのまま、気がつくともう呼吸が止まっていました。

愛らしい黒い瞳をぱっちりとあけたまま、天に召されました。最期まで、いつもと同じように仲間たちの賑やかな声を聴きながら逝けたことは、幸せなことだったと信じています。荼毘に付される前には、車で掖済会病院にも寄らせて頂きました。看護師さんたちが、忙しい合間を縫って泣きながら見送りに出てきてくれました。

僕がドッグセラピーを始めた理由

僕は子どもの頃から、バカが付くほどの動物好きでした。幼少期から、捨て犬や捨て猫を見つけるたびに拾ってしまう子どもでした。小学2年生の時、犬を拾ってきた僕に、母に半ばあきれ顔でこう言いました。

「拾って来たことに責任を持ちなさい。新しい飼い主をあなたが自分で見つけるまでは、家に置いてあげるから」。

それから高校生まで何度となく捨て犬、捨て猫を見つけましたが、そのたびに新しい飼い主を探しました。「元の場所に戻してきなさい」と一度も言わなかった母に、今、感謝していま

す。僕の中に芽生えた優しさを理解してくれただけでなく、解決方法まで教えてくれたから。そして専門学校に通い始めた頃から、地元の移動動物園と接点ができるようになりました。犬や猫やウサギ、モルモットといった小動物を連れて、幼稚園や保育園を巡回するのです。どの園でも、集団行動になじめず疎外感を感じながら浮いている子どもがいるものです。気性が荒すぎたり、すぐに暴れたりする問題行動児と呼ばれる子どももいます。そうした子らに、「動物を触ってみないか?」と声をかけます。ふだん先生やお母さんの言うことを聞かない子が、なぜか素直になるのです。先生方も、「誰の言うことも聞かないのに、なんで青木さんの言うことは聞くのかしら?」と首を傾げます。その子たちが恐る恐る小動物を撫でたり、抱いてみる。

　するとそれまで見せなかったような、安堵に満ちた笑顔を見せてくれるのです。

　その笑顔で、僕も幸福な気持ちになれました。やはり動物にかかわって生きることが神から与えられた僕の使命なのかもしれないと考え、紆余曲折ありながらも、小さなペットショップを持つことができました。

　ペットショップを経営して驚いたのは、人間があまりにも平気な顔で、ペットを捨てていくことです。朝になると、店の前に生まれたばかりの子犬や子猫、もしくは老犬、時には老ハムスターや老ウサギや老カメまでもが、「引き取ってください」というメモつきで置かれています。本業よりも、こうした捨て子たちの貰い手を探すのに忙しかったほどです。拒否なんてできるわけがありません。

　「お前、良かったなあ。捨てられた場所が保健所じゃなくてウチでさ」。

　怯えた目をした捨て子たちに話しかけて、僕は受け入れるのみ。ある時など、店の前に、段ボール箱に子猫の兄弟が４匹捨てられていました。その日は暖かくていい天気だったので、「どなたか貰っていただけませんか?」と張り紙をして、夕方まで外に出していました。日が暮れてきたので、中に入れてやろうと思ったら、なんと１匹増えて、５匹になっていました。

　そんな毎日ですから、いちいち人間のエゴに怒る気にもなれないのです。ただ売れない動物たちが増えるばかりの日々に悩み、ふと思い出したのが、学生の頃に手伝っていた移動動物園でした。

　そして、地元の老人ホームや福祉施設を、犬たちを連れて回るようになりました。最初の頃はどこに声をかけても門前払いでした。関係者以外にはあまり中の様子を知られたくないのでしょう。まるで収容所みたいだな、という印象を持つほどに閉鎖的な老人ホームも多くありました。だけどそのうち、いくつかの施設から声がかかるようになり、10年くらいかけて、少し

ずつ広がっていきました。たとえば、50人の人と出会って、無関心な人がそのうち49人だとしても、たったひとりの人が僕のやっていることに、興味と理解を示してくれる。するとまた新たな出会いがある。

　いつしか僕がやっていることが、ヨーロッパ各国では福祉事業の一環として熱心に行われている<ドッグセラピー>と同じだと誰かが教えてくれました。そこから僕なりに勉強も始めました。するとまた、行政の方や福祉関係の方々ともご縁が増えて、障がい者施設なども回れるようになったのです。すべてが人とのご縁だし、動物とのご縁です。それが数珠玉のようにつながって、ここまでやって来られたのだと思います。

　そうした中で、シャネルとも出会いました。ドッグショーで活躍したこともある美麗なゴールデンレトリバーで、裕福なご家庭で飼われていたのですが、飼い主の方が僕の活動に賛同してくださり、もしもこの子がドッグセラピーで役に立つのなら、と心よく譲っていただきました。僕が推奨するドッグセラピーというのは、小型犬が中心です。僕もシャネルと出会うまでは、人間が抱っこできる大きさだからこそ、安心もできて、癒されるのだと考えていました。シャネルはご覧の通りとても大きな犬です。怖がる人もいるのではと不安もありましたが、それは杞憂に終わりました。もともとのおっとりした性格に加えて、シャネルの笑顔は特別な力を持っていたようです。僕は、犬や猫が意図して笑うなんてことはないと考えていました。しかしシャネルは、どう見ても意思を持って笑っているとしか思えないのです。それも、自分が嬉しい時ではなくて、寂しそうな顔をした相手に喜んでほしいから……出会った時から特別な子だったのかもしれません。

一期一会、そして四つの時間を噛み締める

　この本の舞台となった名古屋掖済会病院緩和ケア病棟の江口看護師から、「ドッグセラピーを試してみたい」と連絡を頂いた時は驚きました。老人ホームでもなく、福祉施設でもなく、あんな大きな病院から？と耳を疑ったほどです。江口さんをはじめ掖済会病院のスタッフの方々が、どんな想いで我々を受け入れてくれたのかは、前ページのお三人の言葉に譲りますが、いくら医療スタッフのストレスケアが主眼だと言われても、やはり、病棟で暮らすがん患者さんの痛みや精神的な辛さを前に、はたしてドッグセラピーに何ができるのだろうと、躊躇したのも事実です。

　緩和ケア病棟にドッグセラピーが行くのは基本的に月に一回です。とすると、この病棟に入

院されている患者さんとの出会いがたった一度きり、ということも少なくありません。来月再び会えるかどうかは誰にもわかりません。

　一期一会でつながる時間。でもその時間は、何物にも代えがたいほどに貴重な時間なのです。シャネルは、たくさんの一期一会を、最期までつないでくれたと思います。忘れられない患者さんの姿が、何人も思い出されます。下半身不随になってからも、シャネルは変わらぬ笑顔で看護師さんや患者さんと触れ合い、歩けなくともいつも主役でした。そんなシャネルの存在を2013年の末に中日新聞の山本記者が記事にしてくれました。その記事をたまたま出版社の人が目に留めて、こうして本になりました。

　本を通しての読者の皆さんとの出会いも、つまりは一期一会です。

　一期一会という言葉とともに僕はよく、「自分は何のために存在しているのだろうか?」と自問自答して生きてきました。そして、この年齢になって、人間はその成長とともに四つの時を刻むのだということに気がついたのです。

　人間が生まれて、一番目に刻む時間は、「学ぶ時」。人の言うことを素直に受け入れて、素直に感じる時。たとえば、誰かからパンをもらうとする。大人になってパンをもらっても、「このパンはいくらしたんだろう?」「どうやらあいつのほうが大きいパンをもらったらしい」なんて、詮索ばかりしてしまう。だけど子どもは純粋にパンをもらったことに喜べて、人からの優しさを"学ぶ"ことができるのです。

　二番目に刻む時間は、「実践する時」。パンを人に差し出すということを学んだ子は、自分もそのパンを誰かにあげられるようになる。それまで学んだことを、"実践"できるようになる時が来るのです。誰かの役に立てるようになる。

　三番目に刻む時間は、「伝える時」。自分で実践するだけではなく、今まで誰かから学んできたこと、実践したことの経験を基に、より多くの人に"伝える"ことができるようになる。この本の出版は、まさに僕の人生が、「伝える時」を迎えているからだと思うのです。僕が動物たちから学び、実践してきたことを、本を通してお伝えできる。これは人生にとって大きな喜びです。

　そして、四番目に刻む時間は、「見守る時」だと思っています。学ぶ・実践する・伝えるという役割に一段落がついて、それで世の中どう変わってくれたか、少しは誰かの役に立ったのかを"見守る"立場になる。そうやって世の中を見渡せた時に、「よし、これでもう自分の役割は終わった、生ききった」と思って、ほっとして天国に旅立てたなら、それが理想の死なのかもしれません———僕がこんなふうに考えられるようになったのは、何よりも、緩和ケア病棟の皆さ

んに出会ったことが大きいです。

　そしてシャネルは死んでも尚、僕たちにご縁をつないでくれます。僕は、ずっとシャネルを娘のように思っていたけれど、彼女がいなくなった今になって思うに、父娘ではなくて夫婦のような関係性でした。僕がシャネルに教えたことは、ほとんどありません。彼女がたくさんの出会いを導いてくれ、たくさんの優しさを僕に教えてくれました。そして、理由あって施設で暮らす子どもも、障がいを持った人も、高齢者も、がん患者さんも、誰もが少しでも生きやすい環境になればいいと、二人三脚（二人五脚？）で今までやってきたことに気がつきました。

　それは同時に、人間の気まぐれに翻弄されて、捨てられて殺される運命にある動物たちを一匹でも多く救うための環境づくりでもあります。人間も動物も双方向で生きやすくなれる環境です。……偉そうなことを書いてしまいましたが、ドッグセラピーのできることなんて、福祉やケアの全体像から見たら、たかが知れています。福祉全体が大きな花束だとしたら、一本のカスミ草くらいの存在でしかありません。だけどカスミ草があるから、花束全体が良いバランスになる。あるいは福祉全体がデコレーションケーキだとしたら、たった一粒のイチゴくらいの存在でしょうか。

　たった一本のカスミ草、たった一粒のイチゴになりたくて、シャネルと行動を共にした数年間でした。彼女は、自分が神様から与えられた役割を全うして、生ききって、この世を去りました。

　最後になりましたが、この本を買ってくださった読者の皆さん、桜が満開の時から納棺の時までを写真に収めてくれた国見祐治さん、心強いメッセージをくださった家田病棟長、佐藤看護師長、江口看護師をはじめとする名古屋掖済会病院の皆さん、緩和ケア病棟で出会ったすべての患者さん、温かな解説を書いてくださった長尾和宏さん、そして今日もドッグセラピーを支えてくれているスタッフたち、ここまで僕を育ててくれた恩師の皆さんと、シャネルとご縁を作ってくれたすべての人たちに御礼を申し上げます。

2015年1月　シャネルの初七日に

解　説
痛みに寄り添うとき、
言葉はいらない

長尾和宏（医師、作家）

　泣いてしまった。
　大の男が、いい歳をしたオッサンが、なんで犬の写真を見て泣いているんだろう？
　自問自答しながらまだ心が泣いている。だけど決して悲しい涙だけではない。こんな温かな人間のドラマ（犬のドラマ？）が、イヤなニュースばかりが蔓延る我が国の医療の世界にあったのだ、という嬉し涙でもある。
　私は尼崎という下町の町医者で、在宅医療にも応えている。この本に出てくる緩和ケア病棟の患者さんと同じような状態の患者さんを、在宅で多く受け持っている。人生の最終章を、住み慣れた家で"生ききりたい"と望む在宅患者さんには、我が子同然で長年暮らしてきた犬や猫がいる場合も結構ある。「遠くの息子や娘はどうでもええけど、この子の行く末が心配だから、まだ死ねません」と犬をぎゅっと抱いたまま離さない患者さんと、さっきも話してきたばかりだ。
　私も犬が大好きなので、つい患者さんご本人よりも、その方の飼っている犬のほうにばかり話しかけてしまうこともある。
　「ハナ、最近のお父さんの調子はどうだい？　実はハナが一番、お父さんの体調を知っているんだろう？」
　介護ベッドの下で微睡んでいる犬にそう話しかける。すると、濡れた黒い瞳からこんなメッ

セージが伝わってくることもある。
「うちのお父さん、最近元気ないの。だから私もなんだか哀しくって」
　家族には、言えないことがある。担当医や看護師に言えないことだって、もちろんある。そんな患者さんの胸の内を本当に知っているのは、愛犬だったり、愛猫だったりする。この本を見てその想いは確信へと変わった。そして今なぜか、僕は自省の念にかられている。患者さんが「痛い」と訴えてこられた時、医療者としては、どんなふうに痛いのかをまずは訊き出さなければならない。
「どこが痛いの？」「いつから痛いの？」「どんなふうに痛いの？」「痛みの強さは、どれくらいなの？」
　痛みの内容をできるだけ具体的に患者さんから教えてもらわなければ、医者は正しい治療ができないからだ。だけど一方で、そんなことをいくら訊き出したところで、正確にはわかるはずがないとも常に感じている。痛みというのは、人によって千差万別である。なぜなら、脳が感じるものだからである。つまり同じ刺激を受けても、その痛さは個人の過去の経験や心の状態によって1だったり10だったり、時には100だったりもするのだ。
「人の痛みがわかる人間になりなさい」
　昔も今も、学校の先生は子どもたちに教えているだろう。しかし、それはどだい無理な話だ。そして、人の痛みを"わかったふり"をする偽善者になることが、一番良くない。
　あれ？　もしかして──。こう書いている僕自身が、知らず知らずのうちに偽善の医療者になっていないだろうか。この本を見ていたら、そんな気持ちになってしまった。わからないものに対して、「わからない」と言える勇気を失くしてしまった大人になってはいないだろうか。
　シャネルは青木さんに、「あとは頼んだわ」とメッセージを残して、穏やかに天国に旅立ったらしい。しかしシャネルは、もしかしたら、世界の全医療者に向けてそのメッセージを伝えたかったのかもしれない。

　人と素直に向き合うこと。わかったふりは、しないこと。
　人の痛みに本当に寄り添うときに、よけいな言葉はいらないということ。

　ケア（care／看護・介護）だけでなくキュア（cure／治療）の原点さえも、この本は教えてくれる。がん医療においては特に、「キュアからケアへ」とか、逆に「ケアからキュアへ」なんてことを

医療者たちが言い合っている。キュアが先か？ ケアが先か？ そんなことをテーマに、名だたる医者たちが集まって何時間も会議をしている昨今である。
「あのう、そんなこと、どっちでもいいんじゃない？
患者さんそれぞれが、今、何を求めているかを考えればいいんじゃないの？」
シャネルの写真は、そう物語っている。
痛みの種類についてもそうだ。本書で紹介されているように、痛みには大きく分けて4種類あると医療者は勉強する。1＊身体的な痛み 2＊精神的な痛み 3＊社会的な痛み 4＊魂の痛みである。僕も今まで、教えられたこの順番通りに多くの書籍を書いてきた。だけど、間違っていたことに気が付いた。本当は、4番の魂の痛みを、一番初めに持って来るべきなのだ。そして、魂の痛みについて「どこが痛いの？」とか「どんなふうに痛いの？」なんて患者さんに訊くこと自体があまりにも滑稽だし、それで医者が仕事をした気になっていたとしたら、何かが違う……。本書はフォトブックでありながら、医療者にそんなことを気づかせてくれる、新しい緩和ケアの教科書でもあろう。

今までの僕は、自分が死ぬ時はどこか遠くに旅に出て、誰も知らない場所で野垂れ死にするのが理想だと考えていたし、講演会などでもそう話していた。しかし、シャネルの存在を知り、死ぬ時は犬にそばにいてほしいと思うようになった。現在は、24時間365日、在宅医療などで日々忙しくて、犬を飼う暇はないが、もう少し歳を取って余裕ができたら、飼ってみたい。シャネルと同じ、優しい瞳のゴールデンレトリバーの女の子を。
そしてその子と一緒に、ときどき町に往診に出かけるのも悪くないだろう。犬を連れて往診する、老いた在宅医がいたっていいじゃないか。これだけ大きな病院の緩和ケア病棟でできたのだから、在宅医療であってもできるはずだ。
――そんな夢想をしながら、シャネルの冥福を祈っている。ふだん「平穏死」についての本ばかり書いている僕は、彼女の最期が動物病院で注射を打たれての安楽死ではなくて、在宅で大好きなお父さんに看取られての平穏死だったという事実にも、安堵する。
使命を全うし、命を燃やし尽くして、生ききって、死ぬ。それがきっと理想形である。
犬にとっても、人間にとっても。

ながお・かずひろ　長尾クリニック院長、医学博士、日本尊厳死協会副理長、東京医科大学客員教授。在宅医療や終末期事情に関する書籍を多数執筆。近著に『長尾和宏の死の授業』(小社刊)など。

～ドッグセラピーのスタッフの皆さんからシャネルへのメッセージ～

「シャネルとは、私にとって癒しでした。身体が自由に動いていた時も、不自由になってからも変わらずに、色々なことを含んだ眼差しで見つめ返してくれました。いつもすべてを受け止めてくれました。器の大きなシャネルに励まされながら、これからも前を向いて生きていきます」　　　　　　　　　　　—— 大橋真紀

「シャネルは、人の心の声が聞こえる子でした。彼女の顔を見るだけで心が安らぎました。言葉を話せなくても、心が通じ合っているみたいでした。彼女はあきらかに、他の子とは違っていました。表情が豊かで、まるで人間みたいでした。彼女の嬉しい時、楽しい時、悲しい時、辛い時を近くで見てきたから、彼女の心の声を、私も聞こえるようになれたかな。天国に旅立ってからも、時々彼女の声を聞こうと思います」　　　　　　　　　　　　　　　　　　　　　—— 宮本育恵

「大きな身体を支えるべく下半身不随になったシャネちゃんは、それでも一生懸命に生きた！　そんなシャネちゃんを見てると、私も勇気が湧いてくる！　ありがとう。頑張ったね、シャネちゃん」　　　　　　　　　　　　　　　　—— 西咲央梨

「いつも一緒に散歩に行っていたシャネルとしばらくお別れ。また一緒に散歩に行こうね」　　　　　　　　　　　　　　　　　　　　　　　　　—— 銅谷享子

「シャネルは僕にとって恩人でした。荒んだ出来事ばかりのこの世界で、シャネルのピュアな癒しと関わることで、周りにもそのピュアな気持ちが伝播していきました。シャネルは、この世はまだまだ捨てたもんじゃないと僕に思わせてくれました。だから恩人なのです」　　　　　　　　　　　　　　　—— 野村清（介護福祉士）

「シャネルは私にとって陽だまりのような存在でした。大切な同僚でもあり、可愛くて無邪気な妹でもありました。だけどいざセラピーを始めれば、そこにいるすべての人達を温かく迎え入れ、癒しの空間へと誘うプロフェッショナルでした。シャネルのことは一生忘れません。尊敬できる自慢の家族でしたから」　—— 本田さやか（介護福祉士）

下半身動かぬセラピー犬 シャネル
～緩和ケア病棟の天使たち～

2015年3月3日　初版第一刷発行

監修	青木　健
写真	国見祐治
協力	名古屋掖済会病院
解説	長尾和宏
装丁	秋吉あきら
編集	小宮亜里　柴田みどり　藤本淳子
Special Thanks	山本真嗣

発行者	木谷仁哉
発行所	株式会社ブックマン社
	〒101-0065　千代田区西神田3-3-5
	TEL 03-3237-7777　FAX 03-5226-9599
	http://bookman.co.jp

印刷・製本　図書印刷株式会社
ISBN 978-4-89308-838-3
©TAKESHI AOKI, YUJI KUNIMI 2015

定価はカバーに表示してあります。乱丁・落丁本はお取り替えいたします。
本書の一部あるいは全部を無断で複写複製及び転載することは、
法律で認められた場合を除き著作権の侵害となります。